(Par Lemont Lautard, d'après
Berbier)

NOTICE

SUR LE SÉJOUR A MARSEILLE

DU ROI D'ESPAGNE

CHARLES IV,

Depuis la fin de 1808, jusqu'au Printems de 1812,

PAR UN VIEUX MARSEILLAIS.

Ament meminisse.

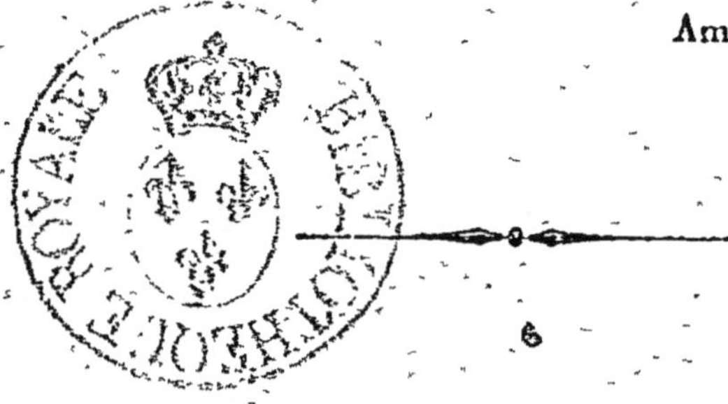

MARSEILLE.

IMPRIMERIE D'ACHARD, RUE St-FERRÉOL, N° 64.

1826.

AVERTISSEMENT.

LA sensation extraordinaire que produisirent, dans le tems, l'arrivée et le séjour du Roi d'Espagne à Marseille, est encore présente à la mémoire des contemporains, habitans de cette ville fidèle. Toutes les rigueurs du despotisme militaire furent insuffisantes pour étouffer alors les symptômes bourboniens que cette mémorable occasion mit en évidence. Recueillir sur les lieux même des circonstances honorables pour le pays qui en fut le théâtre; faire bien connaître, dans sa vie privée, un Souverain que sa race, ses malheurs et son caractère recommandent également; suppléer par là au silence de toutes les biographies sur les détails d'une époque intéressante de la vie de ce bon Prince: tel est le but de cette notice.

Au nombre des anecdotes qu'on présente au public, les unes sont connues de tout Marseille, mais à-peu-près ignorées au dehors; les autres auront peut-être pour tous l'intérêt de la nouveauté. On aimera à retrouver les premières, et on nous saura gré de n'avoir pas laissé tomber les secondes dans l'oubli; nous l'espérons du moins.

Des fragmens de cet opuscule étaient destinés à une lecture publique. L'auteur a préféré l'impression, par des raisons inutiles à déduire. Intéresser, voilà l'essentiel.

NOTICE

SUR LE SÉJOUR A MARSEILLE

DU ROI D'ESPAGNE

CHARLES IV,

DEPUIS LA FIN DE 1808, JUSQU'AU PRINTEMS DE 1812.

On recherche avec avidité les détails de la vie privée des maîtres du monde. La vanité, que l'éclat de la grandeur offusque, aime cette espèce de rapprochement. Quel plaisir de retrouver son semblable dans le Souverain! Rien du reste n'est indifférent dans les actions des Rois : une vétille, devenue sérieuse par le choc des passions, contient souvent le germe d'un événement d'importance; mais l'histoire dédaignant les petites anecdotes, un grand nombre de faits seraient une énigme pour la postérité, sans le secours des biographes.

Que de causes secrètes ils ont mises à jour, en furetant l'intérieur des cours! Combien d'autres resteront éternellement cachées parce qu'on n'a pas tout su! L'histoire souterraine, a dit quelque part le prince de Ligne, apprendrait sans doute des choses toutes nouvelles.

Les grands événemens tiennent quelquefois à des fils inaperçus; mais, d'un autre côté, le fait principal devient lui-même la source d'une infinité de faits accessoires, plus ou moins dignes d'observation, plus ou moins observés. C'est le projectile qui, s'élevant de la terre, poussé par une étincelle, éclate, et se disperse dans l'espace en mille sillons lumineux. Les circonstances fortuites qui naissent d'un grand coup de théâtre, offrent des combinaisons singulières. On les néglige, en général, parce que l'esprit est préoccupé de l'action prépondérante, ou bien, parce que les choses se passent hors de la portée de l'observateur exercé. Venons à l'application.

Buonaparte caressait l'Espagne pour la dévorer plus à son aise. Son attitude devint enfin suspecte; et Charles IV, craignant les griffes du lion, voulut s'embarquer pour le Mexique. Godoï, son favori, paraissait l'y engager. Le conseil était excellent, mais le conseiller était-il bien sincère? Il ne s'agissait que de s'entendre en famille; la discorde, excitée par l'intrigue, fit tout échouer. A la vérité, céder le terrein pour conserver le pouvoir semblait une folie; Pompée s'en était jadis repenti; on a vu toutefois, par l'événement, qu'il n'y avait de salut que dans une prompte fuite; le Roi de Portugal, préservé par cette résolution hardie, l'attesterait au besoin. Il est au moins bien avéré que la monarchie espagnole cessa d'exister du moment où Napoléon y domina par sa politique. Ceci rappelle ces Rois d'Orient dont les Romains se déclaraient fastueusement les amis, et qu'on attirait ensuite à Rome, pour y vider leurs querelles domestiques et pour y essuyer les hauteurs du sénat, tandis qu'un insolent proconsul parlait et agissait en maître chez eux.

Je me hâte d'avertir qu'il n'est pas ici question du forfait de Bayonne. Hélas! il n'a que trop occupé la renommée. Ma seule prétention est de recueillir quelques particularités du séjour du Roi Charles IV à Marseille, séjour qu'on peut considérer comme une de ces dépendances d'une action principale, dont je parlais tout-à-l'heure, et dont les circonstances sont encore à décrire. Je me propose de remplir par là une lacune biographique, en tâchant de faire ressortir, chemin faisant, le bon esprit de mes compatriotes, ce qui peut-être ne sera pas sans utilité. La calomnie n'aurait pas eu si beau jeu, si, dans certaines occasions, nous savions nous faire valoir, ou tout au moins nous défendre. Les fausses opinions ne s'enracinent que parce qu'on leur laisse le champ libre. On devine sans doute que ma réflexion remonte au second interrègne.

Absolument parlant, les narrations où je me suis complu peuvent paraître futiles, je ne le contesterai pas; je me mets à couvert sous le nom de mes personnages, et je poursuis.

L'objet d'une grande injure est un fâcheux voisin pour l'offenseur. Compiègne et Fontainebleau étaient donc trop près de Paris pour y retenir Charles iv. D'ailleurs la santé du Monarque s'accommodait mal d'un séjour humide et froid. En l'envoyant à Marseille, Napoléon satisfaisait à tout. Voilà donc la victime d'une déloyauté sans exemple, jetée dans le pays de la loyauté par excellence. On y apprit avec surprise, mais avec une sorte de satisfaction, la prochaine arrivée de la cour d'Espagne. On était embarrassé pour la loger convenablement, car les palais sont rares dans une ville de commerce. Le château de St-Joseph, situé à une lieue de Marseille, très-vaste pour un particulier opulent, mais insuffisant pour un Souverain et toute sa suite, fut demandé à son propriétaire, pour servir de premier pied-à-terre. M. le baron de St-Joseph s'empressa de le céder. C'est là que descendirent le Roi, la Reine d'Espagne, l'infant Don François de Paule, le prince de la Paix (Blondel équivoque d'un nouveau Richard), avec une partie de sa famille, et les seigneurs de la vieille cour qui avaient accompagné leur maître.

Charles iv fut accueilli avec amour, à son entrée sur le territoire de Marseille: on entendit même quelques cris de *vive le Roi*, dont le double sens fut compris, avec joie par les habitans, avec humeur par la police. A l'instant même de l'arrivée, un limier fut détaché pour en donner la nouvelle au préfet, qu'il trouva au milieu de son occupation favorite, c'est-à-dire d'une coupe de conscrits. Ce bon M. de Thibaudeau, pour le dire en passant, quel aimable caractère il déployait dans ces douces expéditions! Quel prodige d'humanité! Quelle verve et surtout quelle urbanité dans ses apostrophes! On l'entendait avec autant de plaisir, dans ces jours de jubilation, qu'il en prenait lui-même à s'y découvrir tout entier. Heureusement pour tous, les occasions ne manquaient pas, comme chacun sait. Il fallut pourtant faire trève un moment à ces ineffables jouissances, pour entendre l'envoyé. Celui-ci ne tarissait pas sur la magnificence de la caravane royale. Suite brillante, équipages, démonstrations publiques, tout fut détaillé par le menu. Le président impatienté se lève brusquement, se retourne vers la cheminée, les mains dans les poches, et prenant un air ricaneur, se met à chanter entre ses dents : *Ça ne durera pas toujours, ça ne durera pas toujours.* Caton traitait en plein sénat l'orateur romain de consul goguenard; certes on aurait pu faire ici la parodie de ce mot: il ne manquait qu'un Caton au conseil de recrutement.

La surveillance d'un hôte comme Charles iv exigeait sa résidence à Marseille même. L'inévitable Manuel, qui n'était vraisemblablement qu'un

espion titré, chercha, sous le bon plaisir des argus impériaux, une demeure pour le Roi. Plusieurs maisons spacieuses furent visitées, mais on
ne s'était pas douté, quand on les bâtit, qu'elles
pourraient recevoir un jour des têtes couronnées.
Il fallait voir pourtant avec quelle risible suffi-
sance certains propriétaires vantaient ce qu'ils ap-
pelaient leurs hôtels, leurs ameublemens, leurs
dépendances, et avec quelle dédaigneuse ironie
le ci-devant premier ministre écoutait tout cela.
Fort bien, répondit-il à celui qui s'évertuait à lui
faire remarquer l'ampleur des armoires, il y a là
tout juste de quoi mettre les culottes de Sa Majesté. Faute de mieux, on s'arrêta à trois grandes
maisons contiguës, dans un beau quartier; on y
pratiqua des communications; on les meubla aussi
bien que mal. Vraiment il n'y avait rien de royal
ni à l'intérieur ni à l'extérieur, et l'irrégularité du
logement ne répondait que trop aux vicissitudes
de la fortune du locataire; mais enfin, qu'importe
un palais, quand le trône ne s'y trouve plus? Ces
dispositions terminées, on fixa le jour de la prise
de possession (18 octobre 1808.)

Le spectacle d'un vieux Monarque traîné de
ville en ville sur une terre étrangère, la renommée
d'un attentat à la majesté souveraine dont il n'y
avait pas d'exemple, le nom des victimes, les dispositions bourboniennes des Français méridio-
naux, tout imprima sur cette journée un caractère
sublime et touchant. Figurez-vous une population

presque entière, agitée de je ne sais quel mélange de peine et de joie, un silence prudent, mais des regards qui semblaient dire : Sire, prenez courage. Vous arrivez chez un peuple ami de votre race, il adoucira votre exil. Ainsi fut accueillie, en rentrant à Rome, la veuve de Germanicus. Tristes mais éloquens honneurs, vous étiez alors les seuls qu'on put offrir, et les tems n'étaient pas accomplis.

Le Roi paraissait inquiet, la goutte le tourmentait, et de tous ses ennemis, la goutte était le plus cruel à ses yeux. Les sensations de Charles étaient aussi vives que passagères. La violence de sa chute l'avait fortement secoué, mais la perspective de la vie privée et la compatissante nature avaient déjà mis du baume sur sa blessure lorsqu'il arriva. N'accusons pourtant pas d'indifférence l'ame d'un Bourbon placé au milieu de tant d'hommes émus; ce serait une grande injustice. L'attendrissement fut extrême parmi les spectateurs de la rue Mazade, quand on vit l'auguste arrivant porté dans ses appartemens sur les bras de ses valets de pied.

Dans les traits de la Reine, plus fière, plus égale et plus maîtresse d'elle-même, on remarquait cette espèce d'affabilité réservée qui craint d'aller trop loin. Sa mise était soignée : Charles n'y avait pas songé. Le jeune infant Don François et son gouverneur occupaient le second carosse, attelé, comme le premier, de six belles mules espagnoles, et pareillement chargé d'une nombreuse livrée. Les grands et les principaux officiers venaient à la suite.[1] Le reste des équipages était réparti depuis la veille dans des magasins qu'on leur avait appropriés. Ces équipages étaient magnifiques à tous égards. Un train si pompeux tranchait fortement, il faut en convenir, avec la situation; mais le voyage de Bayonne n'avait pas été un voyage incognito, et Charles IV donna tête baissée dans le guet-à-pens en équipage royal, parce qu'il ne se défiait en aucune manière du tour qu'on lui préparait. Quant à Buonaparte, il crut apparemment que les dehors seraient sauvés en laissant subsister les formes. Est-il besoin de dire que Thibaudeau fut invisible le jour de l'entrée du Roi?

Le rétablissement de l'illustre habitant de la rue Mazade fut prompt, grâces à la force de sa constitution et à la tournure de son esprit. Bientôt sa maison prit une marche régulière. Levé de grand matin, le Roi, demandait aussitôt son chocolat, et il en prenait double et triple dose. Après la messe, il sortait accompagné du prince de la Paix, qui ne le quittait jamais, et de deux domestiques, sans livrée, suivant de fort loin. Il faisait, presque tous les jours, une longue promenade à pied dans les rues de Marseille. Les quartiers escarpés et populeux de la vieille ville étaient ses quartiers de prédilection. On aimait à le voir, un simple bam-

---

[1] On remarqua un de ces carosses dont la dorure et les formes surannées portaient la date du dernier siècle; peut-être de l'entrée à Madrid de Philippe V.

bou à la main, gravir d'un pas ferme et hâté ces hauteurs presqu'inaccessibles. Que d'aumônes répandues dans ces courses du matin ! Que de bénédictions recueillies sur son passage ! Il se plaisait surtout à n'être pas reconnu. Se trouvant un jour fatigué par une longue montée, il aperçoit une vieille chaise, placée devant une porte de pauvre apparence; il court s'y asseoir. La maîtresse, sans se douter qu'elle fut en présence du Roi, fait à sa manière les honneurs du logis. Après quelques minutes de repos, l'inconnu se lève pour reprendre sa promenade, et glisse en partant une pièce d'or dans la main de la bonne femme, pour le loyer de sa chaise. A ce don extraordinaire, la nouvelle Baucis reconnaît une main royale. Le mari s'empare de *la chaise du Roi*, la suspend à la place la plus honorable de son humble toit, et ame vivante ne s'y est plus assise : on eut cru commettre un sacrilége.

À midi l'on dînait à la cour. La table était somptueusement servie, quoique le Roi ne fut pas très-gourmand; mais il mangeait bien. Il donnait rondement sur les grosses pièces, laissant aux autres les plats de fantaisie. Naturellement adroit en tout, il découpait avec une rare dextérité, et, les premiers morceaux dépêchés, il s'amusait à servir, et s'en acquittait avec une grâce parfaite. Suivant l'ancien usage, en Espagne, on présentait à boire à Sa Majesté un genou en terre : le Roi buvait à la glace toute l'année.

Après le repas, qui n'était pas long, et quelques instans donnés à la sieste, en bon Espagnol, Charles passait dans son cabinet de musique, où l'attendaient, les armes à la main, Duport le premier violoncelle de son tems, et l'invincible et téméraire Boucher. Le Roi formait le trio et ne le gâtait pas, malgré sa qualité. On croyait voir trois virtuoses, réunis par la fraternité du talent. L'impatience naturelle du royal symphoniste, assortie à la pétulance d'un des concertans, et contrastée par l'à-plomb et la gravité de l'autre, donnait à ces séances lyriques une physionomie toute particulière. Pour ne rien déguiser, le Roi ne mettait pas une très-grande exactitude à compter les pauses; la fougue de l'exécution l'emportait souvent malgré lui. Avec des mazettes, l'ensemble en aurait furieusement pâti; un clin d'œil suffit aux maîtres de l'art. Quelques mesures coupées ou redoublées raccommodaient tout.

Le Roi faisait ensuite sa partie, mais non pas tous les jours. Très-habile aux jeux de calcul, il ne l'était pas moins à ceux qui ne demandent que de l'adresse. Il ne craignait personne au billard, et sa supériorité même le privait de ce jeu, il ne trouvait point de joueur de sa force, ni même d'une force approchante.

Vers le soir, la cour allait à la promenade. Le Roi, la Reine et le jeune infant, dans un bel attelage de six mules, conduites par un cocher français et des postillons espagnols. Le second équi-

page, semblable au premier, mais avec des chevaux
de grand prix, servait aux courtisans et aux dames de la Reine. Cette princesse était toujours
parée, ainsi que ses compagnes. Le costume des
hommes était plus simple; les broderies ne sor-
taient que dans les grands jours, et, s'il faut dire
la vérité, les habits de cour n'étaient pas à l'avan-
tage de ces vieux seigneurs. Charles y mettait
moins de façon; il n'aurait pas quitté pour tout
au monde son cher habit noisette. Dans les premiers tems, on se dirigeait vers la grande route de
Paris, en serpentant au milieu des plus belles rues,
toujours garnies de curieux et de royalistes cachés,
jaloux de saluer le prince, et de s'en attirer un
regard. On ne se lassait pas, comme ailleurs, de
ce spectacle, quoique journalier. A une lieue, le
Roi descendait pour marcher quelque peu entouré
de ses courtisans, la livrée en haie sur la lisière
du chemin. On regagnait la ville grand train avant
la nuit. Le château Bastide, quand il fut en la
possession du Roi, devint invariablement l'objet
de la promenade du soir.

A huit heures, on soupait frugalement en famille. Avant dix heures, le Roi était au lit. La
Reine s'arrêtait quelque tems encore avec sa société. La ville, sans exception, n'était jamais ad-
mise au cercle de la cour. La Reine d'Espagne n'a
pas connu Marseille. Dans un séjour de plus de
trois ans, elle n'est pas sortie une seule fois à pied,
et son accès n'était facile que pour des actes de

bienfaisance. Cependant quelques dames venaient l'attendre sur son escalier intérieur, au départ pour la promenade, et au retour. C'était à-peu-près toujours les mêmes figures. La princesse en avait distingué quelques-unes; elle leur adressait des questions obligeantes, et leur donnait parfois sa main à baiser. L'infant Don François sortait souvent avec son gouverneur à mine rébarbative. Ce jeune prince était remarquable par une tache rougeâtre très-apparente, qui lui prenait une partie de la joue gauche.

A certains jours, le Roi montait à cheval. Il pouvait passer pour le premier écuyer de son royaume. Sa légèreté, son aisance, la noblesse de son maintien étaient admirables. Charles à cheval n'était plus le même homme. Un air de royauté se répandait sur toute sa personne; c'était la majesté elle-même. Par une de ces belles journées de notre hiver, que les étrangers apprécient bien mieux que nous, parce que l'habitude désenchante tout, la cour d'Espagne se rendait sur le boulevard du jardin du Roi. Un beau cheval andaloux, tenu par deux écuyers, y était préparé. Chaque courtisan, tourné vers le palais, était à la bride du sien, dans l'attente du maître; il paraissait, et tout le monde, en silence et découvert, le Roi saluait gracieusement, sautait en selle, et l'on partait. Une foule respectueuse formait, à quelque distance, le cadre du tableau. Un grandiose inexprimable dominait ces rares cavalcades, faibles débris d'une puissance éclipsée. Au fond, ces représentations de grandeur n'étaient qu'illusion. Mais les tyrans ont peur des fantômes ; une belle dépêche télégraphique défendit bientôt ces promenades à cheval.

Au reste le véritable esprit du pays ne s'est jamais rendu plus intelligible, jamais prélude plus énergique de 1814, qu'à l'occasion de la Fête-Dieu. La procession annuelle ne passait pas dans la rue du Roi, M. le comte de Clappiers, curé de St-Victor, voulut donner cette marque de déférence au Monarque qui en approuva le projet. Le prince de la Paix et le colonel Caillet, créature de Buonaparte, élevèrent mille objections. Le curé était entier de son naturel ; il insista et obtint tout. La police ferma les yeux, sans doute par inadvertance. On arrangea en face du palais un autel extrêmement simple. A l'approche du dais, le Roi paré d'un habit magnifique et du grand cordon de ses ordres, (c'était le seul jour de l'année où il parût en public en grande tenue), la Reine resplendissante de pierreries, venaient se placer aux deux côtés du balcon de leur appartement, et là, courbant leur front devant celui qui donne et qui reprend les couronnes, ils assistaient à genoux sur des carreaux aux cérémonies de la station. On est religieux à Marseille sans contredit, il semblait cependant que dans ce moment solennel le Roi du Ciel avait moins d'attrait que son image sur la terre. Le balcon, s'il est permis de s'exprimer ainsi, faisait tort à l'autel, et l'on n'avait d'attention que pour la piété des deux enfans de St-Louis. Aussitôt après la procession, un peuple innombrable se précipitait vers les portes du palais; il n'eût pas été facile de le contenir. La scène s'animait, c'était un véritable enthousiasme. On se taisait pourtant; mais on voyait bien qu'une explosion était imminente. Un *vive le Roi* bien prononcé aurait soulagé tout le monde. Qu'une seule voix téméraire eût fait entendre ce cri contagieux, vingt mille autres l'auraient porté aux nues, n'importe les conséquences, et Dieu sait ce qui en serait advenu. Il ne fallait rien moins pour comprimer l'élan que la crainte d'exposer indiscrètement le repos et les jours peut-être du bon Roi. Un murmure de félicitation s'élevait toutefois comme un doux encens vers l'auguste couple, dont l'émotion et l'embarras étaient marqués par une retraite précipitée et un adieu circonspect. Tous les domestiques, un cierge à la main, bordaient la rue, et suivaient ensuite le cortége jusqu'à l'église. A coup sûr, les familiers de la police, témoins obligés, n'étaient pas là sur des roses, et les bulletins du lendemain, s'ils avaient été sincères, n'auraient pas égayé les Tuileries.

On recevait peu de visites, soit vergogne ou orgueil, le préfet Thibaudeau paraissait rarement à la cour; il faut avouer qu'il n'y faisait pas une belle figure. Au premier de l'an, à l'anniversaire de Leurs Majestés, et lorsqu'il s'agissait de certaines notifications, il venait chez le Roi, expédiait son affaire en deux mots, et se retirait au plus vîte. A sa première visite le conventionel était fort embarrassé de son personnage. Malgré toute sa hardiesse, il ne trouva dans sa tête que cette mauvaise phrase: « Sire, je viens offrir mes hommages à l'ami de l'empereur. » Un sourire dédaigneux, accompagné d'une légère inclination de tête, fut toute la réponse du Prince; mais la Reine prit la parole: « Oui, dit-elle, en affectant de faire craquer son évantail, l'empereur est de nos amis; oh! bien certainement il est de nos amis. » Les audiences du commissaire de police Permon, étaient plus fréquentes; il avait su se rendre agréable par ses manières polies, ses opinions modérées et de grands égards; mais les portes étaient ouvertes à deux battans pour l'archevêque, M. de Cicé. L'ancien ministre de Louis xvi, homme d'esprit et de sens, connaissait les hommes et l'art de les gouverner. Les charmes de sa conversation avaient établi sur le meilleur pied auprès de la Reine, ce Nestor, ou si l'on veut, cet Ulysse de l'épiscopat. Il usait de son crédit avec une rare prudence, et le faisait tourner au profit des pauvres; la religion et ses ministres se ressentirent de ces visites pastorales.

Les prud'hommes des patrons pêcheurs se présentèrent à leur tour avec leur costume lugubre et singulier. « Sire, dirent-ils, dans un baragouin moitié français, moitié provençal, pardonnez-nous, nous sommes des pauvres pêcheurs. » A ce mot de pêcheurs, le Roi ouvre de grands yeux.

3 *

« *Pescadores*, s'écrie la Reine, en riant du qui-proquo, *pescadores.* »

Cette petite cour avait ses grands levers et ses jours de gala. L'étiquette et le fracas des anniversaires rompaient agréablement la monotonie un peu bourgeoise des autres jours. Ce simulacre de royauté plaisait fort à une princesse qui aimait le faste. Il y avait réception, banquet, concert, presque comme à Madrid. Le danseur Dutarque composa pour le bouquet du Roi un joli divertissement villageois qu'il fit exécuter dans les salons par ses élèves, les enfans et les neveux du prince de la Paix; on ménagea une surprise; Leurs Majestés furent enchantées; l'auteur devint à la mode à la cour d'Espagne, on l'attacha à la maison et on l'emmena ensuite en Italie.

Dans la belle saison, la Reine donnait quelquefois de petits bals champêtres à sa campagne de Mazargues. La jeunesse des environs, en habit de fête, présentait des fleurs et des fruits à la divinité du lieu qui, s'abaissant jusqu'à ces bonnes gens, recevait avec bonté leurs rustiques hommages et les récompensait en souveraine; il y avait alors de la joie dans les yeux de Louise. On dansait sur la terrasse et dans le château jusqu'à la nuit que le Roi ne passait jamais hors des murs de la ville, tant il était libre. Ajoutons qu'il n'y avait plus de malheureux dans la contrée, depuis que l'olympe espagnol y était descendu. Le bon curé de Mazargues parle toujours de cet heureux tems.

Les royalistes se réjouirent en voyant le château Bastide de Mazargues, devenu la propriété de Charles IV; ils croyaient trouver, dans cette emplette, l'assurance de conserver au milieu d'eux, l'illustre proscrit, car on savait bien que l'espérance d'un heureux retour en Espagne était chimérique, le cas d'une grande chute excepté, et qui aurait pu croire alors cette chute seulement possible? Elle arriva pourtant et plus tôt qu'on ne pensait. On avait oublié, et la périlleuse ambition de l'homme du destin, et les caprices du destin lui-même. Mais le Roi d'Espagne devait terminer sa carrière à Rome : c'est la terre classique des Souverains émérites.

Mazargues réveilla chez son nouveau maître le goût de la chasse qu'il avait aimée à la fureur, et dont la privation, outre un grand vide dans sa journée, avait contribué à le rendre malade, sa complexion robuste et sa turbulente vivacité lui commandant l'exercice violent; mais pour un chasseur accoutumé à chasser en prince, nos petites chasses étaient une grande pitié. On n'avait ni bois, ni meute, ni piqueurs, ni gibier. Le désir et la nécessité donnèrent du prix aux choses. On plaça des cailles, et comme le passage en est très-journalier on semait d'avance dans la vigne celles qu'on avait prises au filet. L'adresse du chasseur couronné charmait le très-petit nombre de témoins admis à l'honneur de le suivre; c'était une ardeur et une agilité de vingt-cinq ans.

Un jour le Roi s'arrêta pour remplacer de sa propre main la pierre de son fusil, et la laissa tomber. Un grand amateur, qui s'était introduit par faveur spéciale, s'empressa de ramasser cette pierre. Charles s'en aperçut et voulut en savoir la raison. «Sire c'est pour avoir quelque chose qui ait appartenu à Votre Majesté. — Ces pierres sont excellentes, reprit le Roi, je voudrais bien pouvoir vous en offrir; mais voilà toute ma provision. » Il agitait, tout en parlant, un petit sac qu'il avait tiré de sa poche.

Certaines gens trouveront peut-être ces naïfs détails fort insipides; c'était bien la peine, dira-t-on, de prendre la plume pour enfiler des pauvretés une à une. Que sera-ce, si, pour mieux exposer la simplicité antique de mon héros, et pour achever de me perdre dans l'esprit de la critique, je ne crains pas de revéler que le bon Charles ıv avait dans sa basse-cour, une poule favorite dont il allait tous les jours cueillir les œufs de sa royale main? Je répondrai à ces esprits moroses que ces riens qu'ils blâment si fort m'ont paru, à moi, très-propres à peindre au naturel des mœurs patriarchales; qu'au surplus je n'ai pas ouï dire qu'on se fût jamais avisé de reprocher au duc de St-Simon, de nous avoir appris que le grave Louis xıv assistait tous les soirs au souper de ses chiens; ni qu'on se fût autrefois moqué du père de l'apologue, quand il allait sur la place publique jouer avec des marmots. Je demanderai enfin, si l'on préférerait par hasard les tableaux licencieux d'une cour corrompue; cela serait fâcheux, attendu qu'il y a aussi loin d'un Charles IV à un Tibère, que de l'auteur de cette notice au biographe des Césars. Reprenons notre récit.

Le Roi d'Espagne CHARLES IV, était d'une taille élevée assez bien proportionnée, les cheveux bien fournis pour son âge, presque blancs, courts et négligés, les traits réguliers, d'une ressemblance frappante avec l'effigie de ses monnaies, le teint coloré, tirant sur le blond; la main fort belle, la démarche vive et dégingandée, un air de laisser-aller dominant sur toute sa personne; la complexion sèche et nerveuse; il aurait lutté dans son bon tems avec l'homme le plus vigoureux des deux Espagnes, et l'on citait de lui des choses merveilleuses en fait de force et d'adresse.

Il portait ordinairement un habit de drap très-fin, de couleur claire, des culottes courtes, un gilet blanc, le tout bien long et bien large; un chapeau rond, des bottes à revers fort aisées, un col à la vieille mode, des manchettes de batiste, une décoration presque imperceptible à la boutonnière. Le prince de la Paix, son ombre, affectait de se parer du ruban de la légion d'honneur.

L'aspect de la Reine d'Espagne, LOUISE-MARIE-THÉRÈSE de Bourbon-Parme, réalisait l'idéal d'une grande princesse. On jugeait qu'elle avait été belle. Le port noble, la taille médiocre et bien prise, maigre sans défectuosité. Les grâces s'étaient éloi-

gnées; mais la majesté restait dans tout son éclat.
Il y avait quelque chose de composé dans cette
physionomie qui déguisait mal les peines intérieu-
res d'une ame blessée au vif. Le goût de la femme
pour la toilette était en pleine contradiction avec
la négligence habituelle du mari.

Les mœurs de Charles étaient franches et ré-
gulières; il détestait trop la gêne pour ne pas re-
garder la galanterie comme un supplice. Ni vindi-
catif, ni soupçonneux, il ne revenait pourtant
qu'à grand'peine de ses préventions; son instruc-
tion n'était pas immense, mais il avait du sens, une
philosophie naturelle, et une admirable droiture:
ce n'était pas un homme de son siècle. Fidèle à la
religion, il la pratiquait sans faste et sans bigote-
rie, dans toute la sincérité de son cœur. Sa cha-
rité était celle d'un Bourbon; ce mot dit tout. Entre autres dons, il fit porter à l'Hôtel-Dieu de Marseille un fourgon chargé de linge au trois quarts
neuf qu'il avait fait mettre à dessein hors de service.[1] Il aurait aimé la puissance s'il y avait eu
moyen de la concilier avec la liberté : il mettait
l'homme avant tout. Son ame ardente et candide
s'épanouissait au contact de la vertu, et ses malheurs avaient eu cela de bon de lui faciliter de
tems en tems cette jouissance; on ne la trouve guè-
res au milieu des cours.

[1] A cette époque, M*** l'abbé Fabre, J. Abeille, A. Hermitte,
étaient administrateurs; M. Dugaz médecin en chef.

Au fond des campagnes de Ste-Marguerite, tout-à-fait au pied de la montagne, vivait un ancien négociant de Marseille que de grands succès n'avaient pas enivré dans son été, et que des revers inouïs n'avaient pas abattu davantage dans son hiver. M. Jean Perier avait été irréprochable dans une profession délicate, et sa probité n'était pas une probité de parade, comme on en voit tant. Le talent, le travail et l'économie l'avaient élevé; la révolution le renversa; pouvait-il en être autrement quand la fortune du méchant lui-même n'était pas en sureté? M. Perier n'en murmura pas, il remerciait au contraire la Providence de l'avoir enfin rendu à sa passion pour la vie contemplative. En vérité, notre position dans le monde est presque toujours prise au rebours de nos inclinations, et nos plus grandes fautes ne viennent souvent que de là. La fortune, à mon avis, est pour bien peu de chose dans notre destinée; elle est plus sage et moins aveugle qu'on ne dit, puisque pour l'ordinaire, elle nous ramène, après mille détours, sur notre terrein naturel.

M. Perier accepta donc, à Ste-Marguerite, l'asile qui lui fut amicalement préparé par un homme que ce trait honora dans l'esprit des honnêtes gens. Notre philosophe passa dans cette retraite ses vingt dernières années, sans autres livres que ses heures, le firmament, et son propre cœur; sans autre société que celle de quelques paysans dont il était l'oracle; sans autre désir que celui d'être oublié. Il allait volontiers passer une partie de la journée sur le plateau de la montagne voisine. Les heures s'y écoulaient dans cette rêverie vague dont ceux-là seuls connaissent le charme, qui ont eu le malheur de naître sensibles; mais le sentier qui conduisait au sommet était droit et raboteux, on était vingt fois exposé à se casser le cou avant d'arriver. La main de M. Perier en a fait disparaître les désagrémens; il y travailla long-tems comme un mercenaire, soutenu par l'espérance d'être utile. Il n'y a pas un caillou de cette promenade champêtre qui n'ait été transporté, taillé et mis en place par le solitaire de Ste-Marguerite. On va, dans la belle saison, comme en pélérinage, visiter le chemin du bon M. Perier. C'est ainsi qu'au moral le sage applanit à l'homme la route des hautes régions de l'intelligence, heureux le guide s'il ne s'y égare pas lui-même. Le contrat social fut aussi l'ouvrage d'un solitaire, mais quelle différence dans les motifs et dans la fin!

Le malheur a son illustration. Bélisaire et Fouquet sont plus fameux par leur disgrace que par leurs succès. M. Perier, dans les affaires, n'avait eu qu'une excellente réputation, son hermitage lui donna une sorte de célébrité. Le Roi d'Espagne en entendit parler, il voulut faire connaissance avec cet homme singulier, vers lequel il se sentait attiré par une sorte de sympathie, car le malheur, ainsi que l'amour et le jeu, rapproche les distances. La visite fut fixée au lendemain.

La solitude de Ste-Marguerite était plongée dans son silence habituel, lorsque tout-à-coup le bruit des équipages vient réveiller l'écho de la Montagne ; le carosse du Roi était dans l'avenue. L'on accourt et l'on est étonné d'apprendre que Sa Majesté demande M. Perier. Il était à l'ouvrage ; on court l'avertir. Cette annonce le jette dans un trouble inexprimable ; il hésite à se montrer en guêtres et en veste de travail ; il le faut pourtant sous peine de passer pour un ours ; il s'y décide, et le Roi voit tomber à ses pieds un vieillard encore vert, hâlé, poudreux, tout en nage, vêtu comme un pâtre. Il balbutie : « Sire, excusez mon désordre..... J'étais loin de m'attendre...—M. Perier, répond en l'interrompant le royal visiteur, ce qu'on m'a dit de vous m'attire ici, nous nous convenons, ce me semble, j'espère que nous nous verrons souvent. Je veux apprendre de votre bouche comment un galant homme supporte l'adversité. »

Charles était la bonhomie même, sauf les droits de sa dignité. Sévère sur les convenances, on ne le vît jamais au spectacle, ni personne de sa famille. Le prince de la Paix avait une petite loge à la comédie.

Le Roi consultait un jour un artiste qu'il avait fait appeler pour je ne sais quel ouvrage ; il prend sa tabatière, l'ouvre, et monsieur l'artiste, oubliant les distances trompé par le ton du Prince, s'avise d'y plonger ses doigts vulgaires. La familiarité du geste déplut au Roi, il ferme la boîte sans affectation et la présentant à l'indiscret priseur : « prenez, monsieur, prenez vous dis-je, je vous la donne. » Et le sot de se glorifier à tout venant du cadeau de Sa Majesté.

L'habitude de voir tout plier devant lui avait fortifié dans le caractère du Roi son penchant naturel à l'emportement; la moindre contradiction le mettait aux champs. Il fallait alors s'écarter pour laisser passer le torrent, car l'accès ne durait pas; un seul mot de la Reine, adroitement glissé, l'arrêtait tout court. Il n'y avait point du fiel au fond de cette ame-là; Charles oubliait tout hors la déloyauté.

Son abdication avait été si peu volontaire qu'il faillit étouffer de colère en voyant la foule des courtisans s'éloigner de lui pour courir à son successeur. Il se promenait à grands pas dans sa chambre en désespéré. Il s'arrête machinalement, et portant autour de lui un regard enflammé, il n'aperçoit qu'un simple officier de sa maison : c'était un languedocien. « Quoi! te voilà? — Sire, je suis aux ordres de Votre Majesté. — As-tu vu cette canaille? quelle infamie! » Et ses yeux étaient étincellans et son geste convulsif.

Ardent et invariable dans ses affections, Charles était surtout excellent père. Il aimait passionnément tous ses enfans, mais la Reine d'Etrurie fut toujours l'objet de sa prédilection. Ce sentiment se reportait avec une égale vivacité sur le jeune prince unique rejeton de cette fille bien aimée. Vraiment cet aimable enfant méritait bien d'être distingué. Sa jolie figure, son esprit, son espièglerie, tout en lui était charmant ; la Reine son ayeule en raffolait. Rien de plus piquant que le contraste de son enjouement enfantin avec la précoce gravité de son oncle Don Francisque. Cela donnait lieu à de petites scènes dont le public même put jouir quelquefois à la promenade. Cet autre Bourbon demeurait en Italie, auprès de sa mère, quand l'ordre lui arriva de Paris de partir pour Marseille. La véritable époque de ce voyage est l'automne de 1811, peu de mois avant la translation à Rome de toute la famille royale. La Reine d'Etrurie, qui avait obtenu la permission d'accompagner son fils, ne passa que peu de jours à Marseille. C'est donc mal-à-propos que la Biographie des contemporains fait arriver cette princesse en Provence en même tems que le Roi son père. Elle vivait alors à Nice, dans l'exil, tourmentée du désir d'épancher ses douleurs dans le sein paternel; mais comment soustraire une correspondance aux regards des geoliers? Cependant l'illustre famille en trouva le moyen par l'intermédiaire de M. de P..... F.., l'un des premiers négocians et des plus chauds royalistes de Marseille. A force de zèle et d'adresse, cet ami fidèle des Bourbons parvint à tromper les argus qui rodaient sans cesse autour du palais, et dont il se vit lui-même plusieurs fois entouré. Comptant pour rien la perte de son tems et le soin de sa sureté, il fit plusieurs voyages à

Nice, sous le voile du commerce, mais en réalité pour le service seul des nobles exilés. Il entretint plusieurs fois sans témoin le Roi et les deux princesses; il échangea leurs plis, en prétextant des quêtes, et fit enfin si bien que Manuel lui-même, dont il se méfiait à l'excès, ne se douta de rien. En 1814, M. de P..... F., reçut, des mains du premier chevalier de France, la décoration des braves; il y a aussi de la gloire dans le courage civil.

Le prince de la Paix était un gros garçon de 40 à 45 ans, joufflu, rubicond, de bonne mine; de gros yeux à fleurs de tête, cachés par des bésicles; la stature médiocre, de belles proportions, n'était un peu trop d'embonpoint; vêtu simplement mais avec soin; il avait toujours un habit bleu. Godoï n'était pas vu de bon œil par les Marseillais; il s'en aperçut et s'en plaignit. « On me juge mal ici, disait-il à ses complaisans, le Roi n'a pas d'ami plus sincère que moi. » Passe encore s'il n'eût d'autre tort que celui de son incapacité, et ses partisans l'affirment, mais si Manuel était un traître!.... Tout ce que je sais, c'est que cette population qui le regardait de travers était la même dont le gros bon sens pénétra plus tard le rusé Massena, qui avait eu l'art de fasciner l'autorité elle-même.

Là chapelle du Roi se composait de sept à huit prêtres, moines pour la plupart, qui s'étaient sécularisés en passant les Pyrénées. Le confesseur de Sa Majesté, chef de ce clergé, paraissait avoir blanchi sous le froc. La vie de ces bons pères était fort exemplaire; je ne prononce pas sur leur science; je la regarde pieusement comme incontestable. Aucun d'eux ne parlant le français, et ces hommes de Dieu étant d'ailleurs fort peu communicatifs, on ne peut guère en juger autrement que sur parole. Du reste, ils étaient dans les intérêts de Buonaparte; ils le feignaient du moins : la tyrannie s'étendait jusqu'aux consciences.

Lorsque le Roi fut arrivé à Compiègne, Napoléon donna l'ordre au cardinal Fesch, grand aumônier, d'y envoyer un chapelain de son choix. L'abbé de la Bruyère, membre de la chapelle impériale fut nommé. Cet ecclésiastique estimable, élevé par les soins et sous les yeux de Mme la duchesse de Brissac, était secrètement dévoué aux Bourbons; sa nomination fut une double bonne fortune. Son mérite et sa sincérité furent bientôt reconnus; on le distingua, et l'éducation du jeune infant lui fut confiée. Mais son sort changea à l'improviste, au grand contentement de Godoï, qui ne l'aimait pas. L'abbé de la Bruyère fut arrêté peu de tems après, à cause de certaines relations imprudentes avec M. Dastros, alors caché à Marseille pour avoir répandu la fameuse bulle au cardinal Mauri et à M. d'Osmond, évêque de Nancy. Loin de le plaindre, le prince de la Paix blâma hautement sa conduite, le Roi l'en dédommagea en lui faisant passer par son propre confesseur des consolations et de l'argent : 1814 le rendit à ses amis.

La santé du Roi était dans des mains très-recommandables. M. Soria, premier médecin, et M. La Caba, premier chirurgien, réunissaient une très-grande habileté à une politesse quasi française. Point de morgue, point de charlatanisme, mais en revanche une forte antipathie pour ces systèmes divinisés et culbutés à tour de rôle, providence des Sganarelle et des Sangrado. Leurs confrères de la ville les recherchèrent; ils répondirent cordialement à ces avances; on les consulta souvent, toujours avec fruit, et, chose remarquable, notre faculté rendit toute justice à leur talent; il est vrai que ces messieurs n'étaient à Marseille qu'en passant.

Pour battre en brèche la goutte du Roi, Godoï, son tuteur officiel, proposa d'essayer des Hippocrates provençaux. Il paraît que l'intrigue avait soufflé cette idée. Une goutte royale à médicamenter, tudieu quelle aubaine! Aussitôt officieux de trotter, empiriques de surgir, belles ordonnances de pleuvoir. Belles, en effet; un superbe papier raisin contenait, en lettres coulées, chaque oracle des Bouches-du-Rhône. Un médecin iroquois prescrivait l'aconit et la ciguë : l'aconit pour la goutte! Un autre plus humain vantait, dans le langage de Diafoirus, la vertu des eaux de Greoux, avec le rocambole obligé des guérisons miraculeuses. St-Pierre n'avait pas fait marcher plus de paralytiques, que la nymphe des Basses-Alpes. La fermière des bains, avertie probablement par la renommée, s'apprêtait, dit-on, à faire de son mieux les honneurs de sa vaporeuse naïade; elle s'était un peu trop pressée. Le petit fils d'Henri IV se fit lire jusqu'au bout le docte fatras, puis se tournant vers son homme de confiance: « La Caba, dit-il, je crois qu'au mois d'avril prochain, nous reprendrons notre petit lait, qu'en pensez-vous? » Ainsi les merveilleuses ordonnances ne servirent de rien au malade, la médecine en eut tout le profit: on les paya vingt-cinq louis la pièce.

On aurait fait un bataillon de tout ce qui tenait au service de la bouche. Maîtres d'hôtel, chef et sous-chef d'office, cuisiniers, sommeliers, confiseurs, pâtissiers, fruitiers, glaciers, que sais-je enfin? L'administration supérieure de la maison était dévouée à Manuel avec un intendant, un caissier et deux employés sous ses ordres. Le Roi vivait en fils de bonne maison; son budget ne l'occupait pas le moins du monde.

A dire vrai, un pareil état n'était pas excessif, bien que fort cher, pour les cent cinquante mille francs qu'on recevait chaque mois. La volonté du payant faisait d'ailleurs une loi de ce faste; on sait qu'il ne donnait pas l'argent pour qu'on l'enfouit. Mais où était après tout la garantie de la pension? Qui pouvait répondre d'un caprice? Où en serait-on seulement dans le cas d'un retard? Qui eût osé prédire quand et comment les choses changeraient de face? Et si une grande réforme devenait un jour inévitable, ne convenait-il pas d'aller au devant de cette nécessité? Ces réflexions du conseil du Roi n'était pas gaies; le tems les justifia.

Tout se passa bien la première année. Les payémens commencèrent à languir à la seconde. On ne put arracher des espèces que par morceaux; il n'était plus possible de compter sur rien. Ce fut alors qu'on parla sérieusement d'économie, et pour premier moyen, on proposa de supprimer une partie de la maison du Roi. Ce bon Prince touché de la situation de tant de gens qui s'étaient expatriés pour le suivre, ne voulut donner congé qu'à ceux qui pouvaient se passer de lui. La réforme ne porta que sur une partie des équipages, et encore fort légèrement. Notre Charles x, réduit à la même extrémité, en avait fait autant à Edimbourg; tous les Bourbons se ressemblent par le cœur.

L'état des finances allait toutefois de mal en pis, l'arriéré de la pension augmentant tous les jours. Le prince de la Paix prétendait être au fond de sa bourse épuisée en partie, disaient les malins, par la loterie; sottise bien conditionnée pour tout le monde, mais inconcevable dans un homme d'état. Il est assez probable que le pélerin ne voulut pas toucher à ses fonds étrangers. Le besoin devint enfin si pressant qu'on fut obligé d'en venir au déplorable expédient du Mont-de-piété; une partie de la vaisselle du Roi y fut envoyée vers la fin de 1811, et dans un autre moment de détresse, on en vendit pour trente mille francs.

Au plus fort de la crise, le sicilien marquis de Branciforte, beau-frère de Godoï, parut à la cour.

Son arrivée fut un coup du Ciel. Il revenait du Nouveau-Monde avec de l'argent frais qu'il avait ramassé dans sa vice-royauté du Mexique. Ce magnifique parvenu n'hésita pas à faire cesser la gêne de son maître; il rétablit l'équilibre pour quelque tems, et purifia par là une fortune acquise par cette méthode expéditive que tous les vices-rois du monde connaissaient si bien. Mais le renfort d'outre-mer n'était qu'un palliatif. Il fallut bientôt tailler dans le vif en réformant tout ce qui n'était pas indispensable pour le simple service. Un certain nombre de ces serviteurs congédiés s'est fixé à Marseille, et l'on a remarqué par la suite qu'ils étaient presque tous gangrenés de buonapartisme jusques à la moëlle : expliquons cette singularité.

Charles iv avait à sa suite et dans sa maison, en qualité d'officiers et de domestiques, trois sortes de gens. Les uns venus d'Espagne avec lui, le servaient d'affection, et leur dévouement était sans mélange; les autres étaient vendus au prince de la Paix; la troisième classe avait été imposée par la police française. Ceux-ci réunis aux créatures de Manuel, et faisant cause commune avec elles, avaient une très-grande influence chez le Roi. Ceci me rappelle une anecdote qui m'a été rapportée, il y a quelques années, par un négociant cosmopolite. Nous en étions sur le chapitre des inconvéniens de la grandeur, et sur cette inconcevable facilité qui expose les Princes à être très-souvent trompés par leurs propres domestiques. « Voici, me dit ce négociant, une aventure où j'ai figuré moi-même comme acteur et comme témoin. Vous y pourrez reconnaître combien les grands sont dupes des apparences en matière de confiance.

« Un illustre émigré, c'est toujours mon négociant qui parle, s'était provisoirement établi sous le nom du comte de L. dans un château sur les terres et à proximité de Venise; c'était un peu avant l'occupation autrichienne. Le commerce de cette grande ville, à l'instar des autres corporations, délibéra d'envoyer complimenter le nouvel hôte de la république par une députation, après en avoir au préalable obtenu l'agrément, car vous savez qu'on ne plaisantait pas dans ce pays-là. L'honneur d'être choisi fut recherché et j'appris avec plaisir que je serais un des députés. Nous partons et nous voilà au château. Nous fumes reçus par le prince avec cette noble familiarité qui donne tant de grâce à ses paroles, et se réglant sur les convenances, comme il n'y manque jamais, il mit le commerce sur le tapis. Nous fumes stupéfaits, je vous assure, d'entendre un homme de ce rang parler de notre métier avec une présence d'esprit, une abondance, une profondeur dont bien certainement aucun de nous n'aurait été capable; on eût dit qu'il avait été négociant toute sa vie : nous étions confondus. Au moment de nous retirer, monseigneur s'interrompant : « messieurs, dit-il, je suis « ici parfaitement bien ; il n'y a qu'une chose qui

« me fâche, s'est que j'y bois du vin détestable, mal-
« gré tout ce qu'on a pu faire pour en avoir de bon.
« J'en suis étonné, car je n'ignore pas que les vins
« de l'Adriatique sont réputés dans toute l'Europe,
« expliquez-moi cela, je vous prie. — M. le comte,
« répond notre président, rien n'est plus étonnant
« en effet, car les vignobles septentrionaux de la
« république ne sont point au-dessous de leur re-
« nommée. Il est d'ailleurs très-facile de trouver
« à Venise d'excellent vin quand on ne regarde
« pas au prix. — Rendez-moi donc le service de
« m'en procurer. » Sur notre réponse, conforme
aux désirs du prince, il fait venir son chef d'office.
« Un tel, ces messieurs ont la bonté de se charger
« de l'approvisionnement de notre cave, arrangez-
« vous avec eux. » Mon gaillard s'incline profon-
dément et se retire sans proférer une syllabe. Mais
notre audience finie, nous le trouvons campé au
bas de l'escalier qui nous attendait au passage.
« Messieurs, nous dit-il d'un ton rogue, vous avez
« peut-être supposé, en acceptant la commission
« de monseigneur, qu'il n'y avait dans sa maison
« personne de capable de la bien remplir, per-
« mettez-moi de vous en remercier ; je ne suis ici
« que pour cela. » Nous tinmes assez peu de compte
de l'incartade ; elle ne laissa pas pourtant que de
nous donner à penser. A toute bonne fin, nous
nous mîmes en devoir de remplir notre promesse.
L'un de nous, se souvenant de trois pièces d'un vin
exquis qu'il avait en réserve se chargea de l'affaire.

Il goûtait d'avance le plaisir d'entendre vanter, par Son Altesse, les productions de son domaine. Les trois pièces furent diligemment expédiées au château, avec autorisation, cela va sans dire, et vous allez voir ce qui en arriva. Croirez-vous, mon cher, qu'au bout d'un mois nous reçumes ce bel accusé de réception : « messieurs, j'ai failli être « empoisonné avec votre vin des provinces septen- « trionales de la république, j'imagine que vous « aurez été trompés, n'étant pas possible que vous « ayez eu le dessein de vous moquer de moi. » Nous tombames des nues à cette lecture, car le vin expédié était excellent à n'en pas douter. Après y avoir bien réfléchi, nous parvinmes à comprendre que le fripon de chef d'office, ne voulant pas en avoir le démenti, avait fait un tour de son métier en substituant du vin frélaté au nectar venitien. Cela nous parut plus clair que le jour. » Je reviens à Marseille.

Les années s'écoulaient dans une paisible uni- formité. La longueur adoucit toutes les prisons, disait le cardinal de Retz, avec plus d'énergie que de correction. Le Roi d'Espagne l'éprouva plutôt et plus particulièrement que personne.

Charles s'était arrangé avec sa position, et la Reine y paraissait résignée. Tout annonçait d'ail- leurs que les Bourbons d'Espagne étaient à Mar- seille pour long-tems, et peut-être pour toujours. Un tempérament de fer, aidé par un climat favo- rable, promettait une longue vie à l'auguste vieillard, qui semblait s'attacher tous les jours davantage à la Provence. Il était doux pour les amis du Roi de penser qu'ils pouvaient y contribuer. La nouvelle d'un prochain départ pour Rome vint rompre le charme.

On ne put former que des conjectures sur le véritable motif de cette détermination inattendue. Je n'imiterai point ici ceux qui donnent lestement pour la vérité des bruits populaires et les rêves de leur imagination; je n'affirmerai rien. Voici donc ce qu'on conjectura.

Le prince de la Paix avait imprudemment introduit, dans la maison du Roi, un jeune officier agréablement tourné. Il se nommait Ballesteros, mais il ne paraît pas qu'il fut de la même famille que le général son homonyme. Il avait du talent et du zèle pour les intérêts de ses nouveaux maîtres. Or ce brillant espagnol fut arrêté à l'improviste dans le palais même. On prétendit que cet attentat à la majesté souveraine, avait r'ouvert les anciennes blessures de la Reine; que cette princesse n'envisagea plus qu'avec horreur le théâtre d'une pareille violence, et qu'elle n'avait cessé, depuis ce moment, de solliciter un changement de résidence. Elle était pourtant revenue alors sur le compte du personnage en question dont l'ingratitude lui paraissait manifeste. On ajoutait comme une chose vraisemblable que Manuel, craignant de voir son crédit ruiné par celui du nouveau venu, s'était fait dans cette occasion l'auxiliaire de la police : imputation trop odieuse pour qu'on puisse s'y arrêter un moment. Mais quel était donc le crime de Ballesteros? On assurait qu'il avait été accusé de s'être livré en dehors à des liaisons suspectes, d'avoir essayé d'ourdir un projet d'évasion, et principalement d'avoir communiqué à plusieurs reprises avec la croisière anglaise, établie devant le port. L'affaire de Charabot, qui éclata vers la même époque, se rattachait, suivant quelques-uns, à son enlèvement. D'autres pensaient au contraire qu'il ne fallait pas chercher la cause de l'éloignement du Roi, ailleurs que dans sa grande popularité ; on était même surpris que Jupiter n'eût pas tonné plutôt. Je supprime une foule d'autres conjectures.

Quoiqu'il en soit, le jeune prisonnier fut claquemuré au Château-d'If, d'où il sortit cependant six mois après, mais avec défense d'approcher de la résidence du Roi d'Espagne, de plus près que de trente lieues.

Puisque nous avons nommé Charabot, donnons quelques détails sur son équipée; elle n'est pas tout-à-fait hors de propos.

Charabot était fils d'un capitaine marin. Marin lui-même, il avait, quoique jeune encore, parcouru les quatre parties du monde. La guerre l'avait paralysé, et pour un estafier de ce calibre, le repos est insupportable. Son goût pour la débauche rendait sa pauvreté incurable, et s'excitait par la privation. Ignorant et immoral, il était homme à tout entreprendre, et ses opinions comme ses principes fléchissaient au gré de sa bourse; mais dans quelque parti qu'il se jetât, les conséquences étaient toujours outrées, à l'imitation de ses pareils. D'un courage brutal, d'une énergie sombre, Charabot était un vrai compagnon de Catilina.

La conduite de cet aventurier avait depuis long-tems fixé l'attention de l'autorité. On épia ses démarches, et ses diverses disparitions furent mal interprétées. On le serra de près, et définitivement, on le considéra comme un criminel d'état. Il fut arrêté, jeté dans un cachot, mis au secret pendant un grand mois, au bout duquel il fut livré à une commission militaire dont les audiences, bien que publiques à certains égards, n'eurent lieu que de nuit.

Plusieurs individus furent saisis à Toulon, en même-tems que Charabot, et traînés comme lui devant un tribunal armé. Leur procès fut court; il se termina par la condamnation à la peine capitale de trois d'entre eux. Ce terrible dénouement, quand on l'apprit à Marseille, y jeta les esprits dans le deuil et l'effroi.

Un aimable caractère, des mœurs galantes, de l'esprit, des connaissances, de la fortune, de la figure, d'honorables alliances, des amis sans nombre, une insouciance de sybarite, et pour dernier trait une invincible légèreté, d'où dérive une conduite politique plus inconsidérée que coupable; est-ce là le portrait d'un conspirateur? Cependant

l'infortuné que j'ai voulu peindre fut barbare-
ment immolé comme un conspirateur au premier
chef.

Par un effet de sa légèreté, M. P. s'était lié avec
un officier sans emploi, nommé Guidal, espèce
d'aide-de-camp honoraire, qu'il avait rencontré
au château des Eygalades, où végetait dans une
retraite forcée le conventionnel Barras. Cet ex-roi
jacobin aimait les chevaliers d'industrie ses an-
ciens camarades. Il payait leur adulation de concert avec son cuisinier. Qu'il existât des liaisons
entre l'ami de Barras et les ennemis de Napoléon,
qu'une intrigue s'étendit de Paris jusques à la station anglaise, que Barras non seulement eût connaissance du complot, mais de plus qu'il en fût
l'ame, c'est ce qu'il n'a pas été possible de vérifier
avec exactitude, bien que la fin tragique de Guidal
en soit une violente présomption. On sut au moins
que cette ténébreuse affaire devint dans la suite
un grand sujet d'alarme pour le seigneur des Eygalades, et que si elle n'eût pas pour lui des conséquences plus funestes, il en fut probablement
redevable à la gravité des circonstances où se trouvait alors engagé celui qui lui devait tout, et qui
ne le lui avait pas encore pardonné. Qui sait même
si l'échauffourrée Mallet de 1812, dont Guidal
fut une des victimes, ne sortait pas de la mine
éventée à Marseille quelques mois auparavant.

Un homme qui avait paru comme Charabot
sur les bancs d'une commission militaire, et qui

s'en était tiré à-peu-près comme lui, a confié en
dernier lieu à des personnes dignes de foi, (il n'a-
vait lui-même, je pense, aucun intérêt à mentir)
que le projet d'évasion du Roi d'Espagne avait
réellement été débattu entre la rue Mazade, les
Eygalades et la croisière ennemie, et que la grande
difficulté vint de ce que Charles, qui était à coup
sûr ensorcelé, mit pour première condition d'em-
mener avec lui Manuel, son favori, dont les
Anglais ne voulurent entendre parler en aucune
manière. Si telle est la vérité, le départ du Roi
n'a pas besoin d'autre explication. Pour Barras,
dont l'homme aux confidences était, en sa qualité
de jacobin renforcé, le commensal assidu, il avait
pris, suivant la même tradition, un rôle dans la
pièce; mais il n'y allait qu'à contre cœur, depuis
surtout qu'on avait fait un appel à sa bourse. Il
fit, disait son ami, mille façons pour se détacher
de la misérable somme de huit cent francs.

Quant à la probabilité de la participation de
M. P. à ces menées sans consistance, il n'y avait
eu, je pense, de sa part que de l'inconséquence,
car ce n'est pas à une pareille femelette qu'un
Barras se serait ouvert. Le voisin devait être jaugé
depuis long-tems. De fausses apparences auraient
donc perdu M. P.; grande leçon sur le danger
des mauvaises connaissances. On l'accusa d'espio-
nage. Les charges étaient accablantes sans doute
puisque le prétexte de la contrebande fut rejeté
sans miséricorde.

Charabot fut sauvé par miracle. L'arrêt fatal était prononcé, déjà même la populace l'attendait pour le voir marcher au supplice, lorsqu'une voix sortie de la foule dont les avenues du tribunal étaient encombrées, cria que Charabot allait enfin parler. Charabot en effet, déterminé par l'allocution tragi-burlesque de son défenseur, annonça un aveu de conséquence. Grand mouvement de curiosité, comme si le secret des conspirations était jamais au pouvoir des agens subalternes. On appela sur le champ le préfet et le commissaire de police. On promit au condamné sa grâce pour prix de ses révélations, et il y eut enfin un sursis, que le gouvernement prolongea lui-même indéfiniment. Cependant ces prétendus aveux n'aboutirent qu'à perdre un malheureux capitaine marin, nommé Raymond, parent et compatriote de Charabot, lequel n'avait à se reprocher que sa niaiserie. Son allié lui avait donné à conduire en Corse un chargement de vin, (ce n'était qu'une feinte). Le bâtiment arrivé au large, un émissaire caché à bord gagna une embarcation anglaise à la nage. Raymond fut arrêté pour ce crime abominable à Cannes sa patrie, petite ville qui n'avait pas encore acquis sa triste célébrité, et on le fusilla à Toulon quelques jours après.[1] Mais laissons-là, ces scènes d'horreur pour assister au départ de Charles IV.

[1] On assure que Charabot a subi enfin la peine capitale comme faux monnoyeur : cet homme était né pour l'échafaud.

45

On commençait à traiter de conte la translation à Rome. Il fallut bien y croire quand on vit les équipages disposés pour une longue route. Le Roi ne discontinua pas d'aller le soir à Mazargues, jusques au dernier moment, et l'empressement autour de lui croissait à mesure que le départ approchait. Ce n'était pas, comme en 1808, cette curiosité qui suit naturellement un haut personnage, ce n'était pas non plus cette espèce d'intérêt un peu vague, malgré sa vivacité, qui se portait alors vers un Bourbon malheureux quel qu'il fut; ici on cherchait à se rassasier de la vue d'un grand objet d'affection qu'on allait voir disparaître sans retour; l'hommage en un mot était tout personnel.

Dès l'aurore du jour où cet excellent prince quitta Marseille[1], la rue Mazade était pleine de monde, et le Roi, comme pour témoigner sa répugnance à changer d'exil et répondre au sentiment général, ne voulut se mettre en route qu'à dix heures du matin, et n'aller qu'au petit pas en sortant de la ville. La précaution était fort inutile, car les chevaux étaient à tout moment arrêtés par la foule remplissant l'air de ses adieux et de ses regrets. Le même concert d'acclamations partait des trottoirs et des fenêtres chargées de spectateurs attendris. Qui aurait pu, en effet, n'être pas ému jusqu'au fond de l'ame en voyant de grosses larmes silloner la face vénérable de l'auguste voya-

[1] Au printems de 1812. — Autre erreur de la Biographie des contemporains qui place cet événement en 1811.

geur? Le vieux général Dumuy, animé d'un beau zèle, était à cheval à la portière du carosse. Il ne voulut absolument mettre pied à terre qu'en arrivant à Aix, malgré les vives instances du Roi et de la Reine.

Tels furent les adieux des Bourbons espagnols et des royalistes marseillais. Deux ans à - peine écoulés, la fortune les vengea. Leur persécuteur traversa aussi la Provence pour aller subir l'exil à son tour, mais sous d'autres auspices : l'amour d'un côté, de l'autre les furies.

EXPOSÉ FIDÈLE

DE CE QUI S'EST PASSÉ DE PLUS IMPORTANT DANS LES VILLES
D'ARANJUEZ, MADRID ET BAYONNE, DEPUIS LE 17 MARS
JUSQUES AU 15 MAI DE L'ANNÉE 1808.

ÉCRIT A MADRID.

Traduit de l'espagnol.

Le morceau suivant n'est pas essentiellement lié aux circonstances de l'arrivée et du séjour de Charles iv à Marseille : il y a seulement rapport en ce qu'il traite de l'inique machination d'où sont résultés les arrangemens forcés qui amenèrent ce Monarque sur la terre étrangère. C'est le manifeste dicté par la plus profonde indignation, à un espagnol, interprète de ses valeureux compatriotes, quand leur fidélité au trône légitime les eut déterminés à braver le courroux et l'effroyable puissance de celui devant qui la plus grande partie de l'Europe était alors à genoux. Cet écrit, que l'intérêt impérial faisait repousser de nos frontières, et que je tins pourtant de bonne part, dans le tems, produisit chez nos voisins une sensation trop générale, pour que je ne sois pas dispensé d'apporter les preuves de son authenticité. Il est d'ailleurs traduit avec toute la conformité que le génie des deux langues a pu comporter; mais j'ai couvert par des réticences quelques passages dans lesquels l'auteur cède à toute la vivacité d'un trop juste ressentiment, et où ma qualité de français ne m'eût pas permis de le suivre, sans blesser des lois de convenance dont je ne devais pas m'affranchir.

L'Europe attendait le dénouement de l'étrange scène de l'Escurial. Les bons Espagnols gémissaient et murmuraient sans en oser réprimer l'iniquité. L'accusateur Godoï, ne rêvait que la couronne qu'il devait porter dans un coin du Portugal. Charles allait à la chasse. Ferdinand avait l'espoir de réparer ses torts, en prenant une femme dans la dynastie la plus moderne et la moins légitime de l'univers. Napoléon s'emparait du Portugal et le saccageait pour le punir de ses liaisons avec l'Angleterre. Il détrônait le Roi d'Etrurie, sous le prétexte de je ne sais quel plan formé avec l'aïeul de ce prince. Il faisait en même-tems marcher ses troupes vers l'Espagne. Les choses étaient à ce point dans les mois de novembre et décembre 1807, quand l'usurpateur, revenu d'Italie à Paris, annonce une visite à son *intime ami et allié* le Roi d'Espagne.

On se perdait en conjectures sur le motif de ce mouvement des troupes françaises vers l'Espagne. Les intérêts étaient trop divers pour que les opinions fussent unanimes; on ne s'accordait que sur un point, savoir: que le lion cherchait une nouvelle proie. Charles et Marie-Louise étaient persuadés que *l'intime amitié et alliance* seraient leur sauve-garde. Ferdinand qui, en implorant la protection de Napoléon, lui avait demandé une de ses nièces en mariage, était loin de se croire menacé. Godoï, dans une parfaite sécurité, ne rêvait que son royaume chimérique des Algarves, et la nation, trompée par sa propre droiture et ses nobles sentimens, était sans défiance. Les uns disaient que l'armée qui s'avançait était destinée à des expéditions maritimes ou à une attaque contre Gibraltar. Les autres parlaient d'une réforme partielle qui aurait pour résultat la régence de Ferdinand et la disgrace de Godoï. Quelques-uns imaginèrent qu'on allait démembrer l'Espagne et étendre la France jusqu'à l'Ebre. Les regards se portaient aussi vers l'Amérique, et l'on ouvrait nos plus riches contrées au commerce français. On faisait trois portions du Portugal; une pour Godoï, une autre pour la Reine d'Etrurie, celle du centre pour le retour du prince du Brésil; mais personne n'eut l'idée d'une abominable trahison. Cependant quelques esprits inquiets, alarmés par le souvenir récent du forfait de Vincennes, et de tant d'autres victimes de l'ambition insatiable du Corse, se livraient à des pronostics désastreux; on les traita de visionnaires. Quelle apparence que Napoléon voulut ternir, par l'infamie d'une trahison, l'éclat d'une gloire parvenue alors à son comble! Funeste erreur qui ne servit qu'à nous aveugler sur le danger, et à nous porter, envers des troupes qui se disaient amies, à cet accueil généreux et fraternel qui tient au caractère de la nation.

C'est ainsi que nos foyers s'ouvrirent à des hommes qui empruntaient le masque de l'amitié. Abusant de notre franchise, toutes les positions sont occupées et le loyal Espagnol n'aperçoit les griffes du monstre qu'au moment où il sent déchirer ses entrailles. Pampelune est surprise; Barcelone livrée avec le fort de Mont-Joui.

Ces actes de violences épouvantèrent l'Espagne; Manuel, pour la rassurer, prétendit que ce n'étaient là que des mesures de sureté, dans un pays considéré comme en révolution, à cause des dissentions de la famille royale.

Cependant le suprême conseil de Castille déclara, ce que déjà nous savions tous, que ces prétendues dissentions n'avaient jamais existé et que l'événement de l'Escurial n'avait été qu'une horrible trame. Il fallait néanmoins quelques victimes pour jeter un voile sur la démarche d'un méchant favori : l'Infantado, S. Carlos, Ezcoizquiz et quelques autres bons espagnols furent exilés.......

Les troupes continuèrent leur marche. *L'intime ami*, continuant d'en cacher le motif à son *fidèle allié*, s'avance jusqu'aux portes de Madrid. Godoï commençait à concevoir des inquiétudes, lorsque son agent Isquierdo arrive de Paris, apportant, dit-on, la nouvelle du projet de la ruine des Bourbons. Dès ce moment, la famille royale fit ses dispositions pour prendre la fuite.

Cet expédient extrême, dont les événemens ont justifié la nécessité, ne fut approuvé de personne, par la raison qu'il était proposé par le prince de la Paix. On ne vit pas que le dénonciateur de l'Escurial était seul capable de deviner que l'oppresseur des nations voulait exploiter à son profit la querelle du père et du fils. Chacun du reste ne calcula que d'après ses propres intérêts, et le peuple fut compté pour rien. Un ministre, soit par aveuglement, soit pour contrarier le ministre principal, représenta à Charles que celui qui avait laissé régner l'Empereur d'Autriche et le Roi de Prusse, après les avoir vaincus, n'arracherait pas de son trône un Roi fidèle et généreux qui s'était sacrifié pour lui en toute occasion; que le parti de la fuite jetterait l'Espagne dans un abyme, et qu'il valait bien mieux après tout chercher son salut dans le courage de ses sujets. Charles se laissa persuader, moins par conviction que parce qu'il reçut, sur ces entrefaites, une lettre de Napoléon annonçant sa visite prochaine; et l'arrivée d'un présent de quatorze beaux chevaux normands l'affermit dans sa confiance.

Un gentilhomme, grand'croix de la légion d'honneur, était chargé de faire valoir ces deux moyens de séduction.....

Toutefois le prince de la Paix, alarmé de la contenance de Murat, insistait pour le départ, et il parvint enfin à y déterminer le Roi. Il donna des ordres en conséquence. Sa première femme quitta Madrid avec ses enfans et une partie de son trésor. Il rassembla, à Aranjuez, les troupes de la maison du Roi, et il ordonna à notre armée d'évacuer le Portugal, sans doute pour couvrir la retraite des Bourbons, qu'il ne voulait pourtant conserver, au fond, que pour ses propres intérêts. Au palais, tout était secrétement préparé pour partir le 17 mars à minuit, suivant l'opinion commune et vraisemblable.

Ferdinand qui dans les Français voyait des vengeurs, ne voulait pas s'en éloigner. Le peuple ne pouvait pas supporter l'absence de son Roi, avec d'autant plus de raison, qu'on lui cachait les motifs de ce départ; et comme l'infant, ainsi que le peuple, souhaitait la ruine de Godoï, on ne voulait pas qu'il put éviter le châtiment auquel il devait s'attendre pour sa correspondance avec l'Empereur Alexandre, divulguée suivant toute apparence à la singulière et ténébreuse paix de Tilsit. Mais comment l'infernal génie des complots dispose-t-il les choses de telle sorte que lorsqu'une route se ferme, il s'en ouvre d'autres par où le crime s'accomplit d'une manière plus odieuse encore?.... Buonaparte, par ses sourdes menées, avait préparé l'évasion de la famille royale, afin que, la voyant fuir devant lui tandis qu'il s'avançait comme *ami*, il eût un prétexte plausible pour s'emparer du royaume; Godoï le secondait sans avoir les mêmes intentions; Ferdinand et le peuple allaient contre ses vues, tout en croyant le servir; mais tous couraient de concert à leur perte et ne faisaient que diversifier et rendre notre sacrifice plus cruel.

Ferdinand parvint à se dérober un moment aux espions dont il était entouré, dans la matinée du 17 mars. Il s'approche d'un garde-du-corps et lui dit: « on part cette nuit et moi je veux rester. » L'éclair n'est pas plus prompt que l'effet de ces paroles sur une population qui se doutait déjà de la connivence de Godoï avec Napoléon, et qui ne pouvait plus souffrir ce misérable favori, qu'il considérait comme traître au Roi et à la patrie, sacrifiés l'un et l'autre par la fuite qu'on méditait. Tels sont l'origine et le nœud de ce qu'on appelle la révolution d'Aranjuez.

Les habitans d'Aranjuez veillèrent cette nuit sans armes, autour du palais. Ils voulaient seulement obstruer le chemin et chercher à faire arriver jusqu'au Roi leurs gémissemens et leurs larmes. Ils s'aperçoivent de quelque mouvement dans la maison de Godoï. La curiosité les entraîne. Les hussards de garde commettent l'imprudence de faire feu sur les observateurs. A l'instant l'indignation générale s'enflamme. La maison est assaillie et visitée; on y brise tout, mais sans le moindre pillage. On cherche inutilement le traître. On le suppose en fuite, et ce peuple donne la preuve du sentiment de justice qui l'a fait agir, en se calmant tout-à-coup par l'idée que Godoï ne pouvait plus lui enlever son Roi. Charles se montre à un balcon du palais avec toute la famille royale; des larmes de joie coulent de tous les yeux et les acclamations étaient aussi sincères et aussi affectueuses, que sont rauques et froids les *vivat* que les tyrans se font crier au bruit du tambour.

Dans la matinée du 19 l'émeute recommença: on avait découvert Godoï. Ce lâche s'était caché sous une natte avec des pistolets qu'il ne sut pas tourner contre lui-même, et quelques bijoux, dont son ame sordide avait encore pu s'occuper dans ce moment terrible. La faim et la soif l'avaient forcé à quitter sa retraite. On allait le massacrer, quand le généreux Ferdinand arrive à son secours; sa protection et les gardes-du-corps parviennent à sauver ses jours. Il en fut quitte pour quelques soufflets et quelques coups de bâtons qui gâtèrent un peu ce beau visage, instrument de sa fortune et de notre perte. On le conduisit à la caserne où il reçut les soins convenables. Le peuple satisfait, se présenta encore une fois devant ses maîtres, pour renouveler les démonstrations de sa confiance et de sa fidélité, et tout rentra dans l'ordre.

Ce calme fut court. Vers quatre heures après midi, Charles et Marie-Louise résolurent de faire prendre à Manuel la route de Grenade dans une voiture. Le peuple aperçut des préparatifs, en devina l'objet et prétendant qu'on se jouait de lui, il se porta vers la caserne, brisa la voiture, et rappela la parole royale qu'on lui avait donnée, le matin même, que Manuel serait livré aux lois. La suite de cette rumeur fut un événement qui éclata aussi subitement que la détermination en avait été réfléchie d'avance. Le Roi abdiqua la couronne en faveur de son fils.

En même tems, Madrid faisait justice du fruit de la malversation. Les biens du frère de Godoï et de ses créatures furent brûlés, mais on en dédaigna le pillage. Cette émeute dura trente six heures sans autre accident que ceux occasionés par l'ivrognerie.

Ferdinand donna connaissance de son avénement à Napoléon, lui prodiguant les plus sincères expressions d'amitié; et lui rappelant le désir de resserrer son alliance par un mariage dans sa famille. Sa seconde démarche fut consacrée à la reconnaissance. Les exilés de l'affaire de l'Escurial furent rappelés. Les portes de Madrid furent ouvertes aux hommes de bien rélégués dans les provinces, et l'on put prononcer le nom de *Florida Blanca*, de *Saavedra* et de *Jovellanos*. Le nouveau Roi s'environna de sujets avantageusement connus; il réprima les abus, projeta des établissemens et des réformes utiles, tout enfin semblait annoncer une aurore de bonheur pour l'Espagne.....

Ferdinand demeura encore cinq jours à Aranjuez, auprès de son auguste père, lequel ne pensa plus dès-lors qu'à choisir le lieu de sa résidence. Tout étant convenu et disposé sur ce point, Ferdinand fit son entrée dans Madrid, le 24 mars, au bruit des acclamations d'un peuple enchanté de la présence d'un souverain jeune, aimable, doué en un mot de toutes les qualités qui peuvent justifier de flatteuses espérances. Hélas! déjà il n'était plus Roi; déjà il était assiégé dans sa capitale même.

Murat y était entré la veille avec 18,000 hommes. Dédaignant de rendre visite à Ferdinand, cet homme, qu'on recevait comme un hôte, refuse le palais de *Retiro* et se loge dans la maison de Godoï, où se trouvaient séquestrés les effets précieux, objets de sa convoitise. Murat, qui avait dit qu'il ne faisait que passer à Madrid pour aller à Cadix, prolonge son séjour de jour à autre. Observant tout, il fait occuper la ville et ses environs sous prétexte de la commodité des logemens, et l'on remarque qu'il fit à Aranjuez plusieurs visites mystérieuses avec son aide-de-camp La Vauguion.

Le peuple voulut plusieurs fois disperser cette armée, ce qui eût été facile, avant que les localités fussent bien connues par ces étrangers, mais Ferdinand l'en détourna, assurant que les troupes de son *intime ami et allié* marchaient contre l'ennemi commun; qu'il fallait les accueillir avec cordialité, et qu'il regarderait ce bon accueil comme une marque de dévouement à sa personne. Ah! Ferdinand, le peuple t'obéissait sans être désabusé. Qu'ils étaient en petit nombre ceux qui, les yeux fermés sur les piéges de Napoléon, te poussaient dans l'abyme!...

Un chambellan français arriva pour préparer, disait-on, le logement de Sa Majesté Impériale et Royale. Le crédule Ferdinand céda sa propre demeure, en la faisant orner avec magnificence. On vit passer, en même tems, des chariots couverts, portant des inscriptions qui annonçaient des meubles de la cour. Un valet de chambre affecta de montrer un chapeau et des bottes impériales, et pour ajouter la profanation à l'insulte, il les plaça dans la chambre à coucher du Roi d'Espagne! Murat entra dans les plus minutieux détails sur les bains, sur les tables qui, l'une de vingt couverts et l'autre de cent, devaient être entretenues aux frais de son maître. Ferdinand dont la confiance et la générosité étaient sans bornes, observa qu'il n'était pas juste de le priver d'un seul des témoignages de sa satisfaction. Il ordonna en conséquence des tables splendides, des illuminations, des fêtes, et tous les genres de spectacles usités dans les grandes réjouissances publiques. Il n'y avait pas de tems à perdre, car Napoléon était attendu dans trois jours.

Ces trois jours passèrent, et bien d'autres encore, sans qu'on reçut la moindre nouvelle. Notre cabinet conçut quelques inquiétudes de ce silence. Dans son irrésolution, il fit publier les articles de gazette les plus pitoyables qui soient jamais sortis de l'imprimerie royale, et dont personne ne fut la dupe; mais il était facile de comprimer l'exaspération publique en ne cessant de proclamer que le Roi n'avait rien à craindre de son meilleur ami.

L'armée s'empare, de vive force, de la maison de campagne royale, en ajoutant l'outrage à la violence. Le bruit des portes et des arbres renversés, retentit jusqu'à Madrid. Ah! dépositaires de l'autorité, comment justifierez-vous votre indifférence à l'aspect de l'atroce perfidie qui marchait déjà à front découvert? Murat, sans que personne s'y opposât, prenait des positions, formait des camps, dressait ses conscrits, cernait Madrid toutes les nuits, s'emparait de nos approvisionnemens sur les routes, et pour comble d'atrocité, demandait des munitions de guerre, qu'on s'empressa de lui livrer, et pour quel usage, juste ciel! pour déchirer le sein d'un peuple fidèle.

On annonce Savary, et comme s'il eût été possible de prendre un envoyé de Napoléon pour une colombe, on crut lui voir à la bouche un rameau d'olivier quand il eut la bonté de qualifier Ferdinand de Majesté, en lui annonçant que son maître, déjà en route, était bien aise de l'embrasser avant que d'entrer à Madrid. Ce peu de mots, sans lettres de créances, sans une ligne de Napoléon, fut reçu avec la plus inconcevable crédulité. Trois grands d'Espagne, revêtus d'un caractère avoué, et non pas un Savary, avaient été choisis pour aller complimenter l'empereur, et lui demander la cousine chimérique en mariage. Bien plus, un infant d'Espagne, l'aimable Don Carlos, et non pas un Savary, était allé à sa rencontre sans s'arrêter à cette étrange disparate. Ferdinand lui-même, oubliant qu'il n'était pas bienséant qu'un Roi d'Espagne sortît à plus d'une lieue, se dispose à partir dans l'intention de pousser jusqu'à Burgos, bien persuadé qu'il rencontrerait Napoléon sur sa route. Il établit, en s'éloignant, une junte présidée par l'infant Don Antonio, et négligeant de consulter le conseil suprême de Castille sur ce voyage, il se sépare de son peuple de Madrid. La croyance où l'on était généralement que Sa Majesté ne dépasserait pas Burgos, servit à diminuer les craintes d'un départ que tout le monde d'ailleurs désapprouvait.

Deux jours après, et à la suite de plusieurs visites nocturnes à l'Escurial, où la vieille cour s'était rendue, Murat, au nom de l'empereur, et sur un ordre de Ferdinand, se fit livrer le prince de la Paix, qui était dans une prison à deux lieues de Madrid, sous la garde du marquis de Castelar, dont les représentations, au surplus, ne furent point écoutées.

C'est ainsi que le peuple vit sa juste vengeance trompée. Quand on apprit par la gazette extraordinaire, la disparition du coupable, il était déjà loin de Madrid, et l'impression de cette nouvelle fut telle qu'elle rendit presque indifférent au sort du Roi lui-même.

8*

Mais lorsqu'on sut que Ferdinand était arrivé à Burgos sans rencontrer Napoléon, lorsqu'on ajouta ensuite que l'infant Don Carlos était à Bayonne, et le Roi lui-même à Vittoria, les plus tristes pressentimens se répandirent dans tous les esprits. Murat redoublait ses mesures hostiles, et la junte n'avait d'autre souci que celui d'empêcher ou de disperser les attroupemens. Les patrouilles, les proclamations, les gazettes dictées ou retouchées par Murat, tout fut mis en usage pour commander la soumission.

Tandis que de ce côté les victimes étaient ainsi disposées, Napoléon, par d'attrayantes insinuations, attirait sa proie favorite jusqu'à Bayonne; il lui écrivit une lettre qui, si elle a été telle qu'on l'a lue dans les papiers publics, était la mieux faite pour donner l'éveil à Ferdinand; mais celui-ci fut encore une fois ébloui. Buonaparte fit sortir l'impératrice de Paris, pour qu'on imagina qu'elle amenait la fameuse nièce, de manière que les instances du digne Cevallos et de quelques autres bons espagnols ne servirent de rien, et que la population de Vittoria fut réprimandée par Sa Majesté, pour avoir voulu empêcher que ce prince ne courut plus long-tems à sa perte. Ferdinand assura en partant qu'il s'arrêterait à une maison de campagne sur la frontière, pour y régler définitivement, avec son *intime ami et allié*, les intérêts des deux nations. Il avance, et, en mettant le pied sur le territoire français, un général le reçoit avec une nombreuse escorte, le salue du nom d'Altesse et l'emmène comme prisonnier à Bayonne, où il trouve son cher Don Carlos. Mais laissons ces deux princes, logés chétivement, eu égard à la magnificence qui attendait le Corse à Madrid, pleurer ensemble à Bayonne sur le malheur de leur destinée, et retournons à l'Escurial.

Malgré mon juste respect pour le fils de l'immortel Charles III, et le père de Ferdinand VII, je ne puis m'empêcher de dire que la Reine avait juré de sauver Manuel, et de détrôner son fils, que le vieux Roi approuva tout ce qui avait été concerté entre Marie-Louise et Murat, et que sur la perspective qu'on lui fit adroitement entrevoir, qu'il pourrait retrouver son sceptre à Bayonne, il s'y laissa conduire, malgré ses infirmités. Et les ministres et la junte s'occupaient-ils du salut du peuple? nullement. Tout se borna à mettre au jour des gazettes pleines d'extravagances, à imaginer des moyens de police propres à enchaîner la bravoure espagnole, surtout à complaire en toutes choses à Murat, qui les harcelait par des propositions tantôt sérieuses, tantôt frivoles, transmises par Grouchi, Belliard ou Laforêt, et enfin à attendre sottement que Ferdinand captif fît connaître sa volonté.

Napoléon, ayant accompli son œuvre, interdit toute communication entre les autorités espagnoles, et donna ses ordres à Murat par des courrier qu'il lui envoyait tous les jours, et dans ces circonstances, il ne se trouva pas un espagnol assez hardi pour s'emparer du gouvernail. Sans qualifier de traître, à l'exemple du vulgaire, les membres de la junte, on peut dire qu'elle était composée d'égoïstes, d'hommes incapables, faibles ou trompés, lesquels eurent assez peu d'ame pour prêter la main à la plus atroce perfidie qui fût jamais.....

Murat fixa au 2 mai le départ pour Bayonne de la Reine d'Etrurie. Ce voyage, annoncé comme une chose indifférente, servit à couvrir celui de l'infant Don Francisque qu'on fit partir avec cette princesse. Il y eut ordre, en même tems, de préparer l'esprit public à l'avénement d'une nouvelle dynastie. Murat fit plusieurs autres dispositions dont je ne parlerai pas, parce qu'elles m'entraîneraient dans des révélations qui pourraient faire reconnaître le modeste et vertueux magistrat qui m'a fourni un grand nombre de détails.

Dans la nuit du premier mai, trois alcades de cour donnèrent avis à la junte assemblée des mouvemens de l'armée française qui venait d'occuper les positions les plus avantageuses de Madrid. Tout annonçait une catastrophe dans cette capitale. Hélas! on avait défendu à la garnison espagnole de protéger les démarches d'un peuple qui, sans concert et sans plan, voulait se sacrifier pour sa religion, sa patrie et son Roi. La junte se sépara n'ayant pas seulement pris l'état des choses en considération..........

Dans la matinée du 2 mai, des curieux rassemblés sur la place du palais voient sortir la Reine d'Etrurie; ils n'en conçoivent aucune inquiétude, mais une autre voiture s'avance pour Don Francisque. A cette vue il s'élève une rumeur générale et les traits de la voiture sont coupés par le peuple. Les français, qui s'y attendaient, s'approchent en grand nombre pour favoriser l'enlèvement du prince. Les espagnols, quoique pris au dépourvu, s'y opposent; ils sont repoussés par le fer de la troupe; le mouvement se communique et devient général. Madrid offre alors un spectacle étonnant. D'un côté, 12,000 français disciplinés et aguerris, une cavalerie d'élite, un formidable train d'artillerie, un renfort de plus de 7,000 hommes accourus au premier bruit de *la casa del campo,* et un plan d'attaque habilement prémédité; de l'autre, un peuple surpris n'ayant d'autres armes que des couteaux à tabac et environ 300 fusils, disséminé sur tant de points que pendant deux heures que dura l'action, on ne vit pas un seul corps de 50 hommes armés, un peuple enfin tellement délaissé que malgré les plus vives instances, les troupes espagnoles furent immobiles, suivant l'ordre prescrit d'avance. Et pourtant ces hommes courageux s'élançant tour-à-tour sur les bataillons français, reçoivent la mort après l'avoir mille fois donnée. Mais si quelque soldat se rendait, comme il arriva à un grand nombre, on se contentait de le désarmer sans lui faire aucun mal. La bravoure espagnole ne s'irrite pas contre les vaincus..........

Toutefois il ne fut pas possible de résister long-tems avec des forces si disproportionnées, et quoique l'ennemi eût laissé beaucoup de morts, notre perte fut incomparablement plus grande. Nous perdîmes les capitaines *Daviz* et *Velarda*, sujets infiniment précieux. Le brave officier *Ruiz* fut grièvement blessé, ainsi qu'un chef d'artillerie.... Ah! s'il eût été permis à toutes les classes d'habitans de combattre, la patrie était sauvée; mais au nom de l'autorité, une funeste obéissance fit place à la vengeance. . . . .
. . . .

La journée du 3 vint éclairer le deuil et le désespoir..... Les rues remplies de soldats, de canons et de tout l'attirail de la dévastation n'étaient plus pour les citoyens. Les ateliers fermés, les maisons entr'ouvertes, des familles entières fuyant épouvantées; les Espagnols évitant mutuellement leur rencontre, craignant de se communiquer leurs pensées. Quelle horreur! quelle consternation !.... Un ordre de jour de Murat, où nous fumes traités d'assassins et de voleurs, vouant aux flammes la place où l'on répandrait le sang d'un français, vint ajouter à l'aspect lugubre de cette terrible journée.

Le lendemain, 4 mai, Murat se rendit auprès de l'infant Don Antonio. Le 5, il se fit nommer président de la junte, et nous eumes ainsi à la tête du gouvernement un étranger qui n'avait que des baïonnettes pour unique titre. On expédia des courriers, pour comprimer les provinces qui s'apprêtaient à venger Madrid. Des espagnols, membres du gouvernement, furent assez vils pour s'établir les suppôts de la tyrannie, dans l'espoir de conserver un fantôme d'autorité. On fit partir des hommes de confiance pour catéchiser les peuples des villes, qui toutes restèrent comme paralysées dans une triste inertie.....

L'arbitre des nations fit enfin connaître le plan du bonheur promis à l'Espagne. Notre félicité consistait en ce que la maison de Bourbon avait cessé de régner; *une famille nonchalante et dégénérée par son ancienneté même ; un Roi Charles indolent et valétudinaire ; une Reine prodigue ; un autre Roi révolutionnaire, même contre son propre père,* ne méritaient pas de commander à une nation grande et généreuse, qui devait reprendre toute sa splendeur sous une dynastie vigoureuse.

Don Pédro Cevallos, ce ministre ferme et plein d'honneur, représenta à Napoléon qu'il n'avait aucun titre pour se rendre arbitre dans cette matière; que les Espagnols, qui n'avaient pas imploré sa protection, n'approuveraient pas une abdication faite en pays étranger au milieu des baïonnettes; que tout traité devait avoir pour base la liberté des parties. Mais il n'était plus tems de raisonner, Buonaparte l'appela traître, en lui tournant le dos : ce fut sa seule réponse. Heureux Cevallos! une pareille injure portera ton nom à la postérité. Le ministre étant sorti, le tyran fait venir Ferdinand pour terminer la négociation. « Ma tranquillité, lui dit-il, et l'intérêt de ma famille exigent que la maison de Bourbon renonce en ma faveur à la couronne d'Espagne. » Ferdinand allait répondre, mais sa première parole n'étant pas un consentement, le despote l'interrompt : « laissons les explications : abdiquer ou mourir; choisissez. » Ces paroles prononcées avec une froide sévérité, tout fut terminé. Voici les actes qui en résultèrent :

1º La protestation de Charles iv, contre l'abdication du 19 mars, protestation par laquelle le père recourait à la médiation de l'empereur, entre lui et son fils, ce qui était la conséquence des visites nocturnes de Murat et des délibérations clandestines d'Aranjuez et de l'Escurial.

2º L'abdication de Ferdinand entre les mains de son père.

3º Le décret de Charles iv nommant Murat lieutenant général du royaume.

4º La désignation des diverses résidences de la famille royale. L'assignation de misérables rentes et les qualifications d'Altesse Royale données à Ferdinand, et d'Altesse seulement aux infans de Castille sans faire mention de leurs descendans, attendu l'ordre secret de garder le célibat. . . . . .

. . . .

. . . .

FIN.